JN438339

달빛

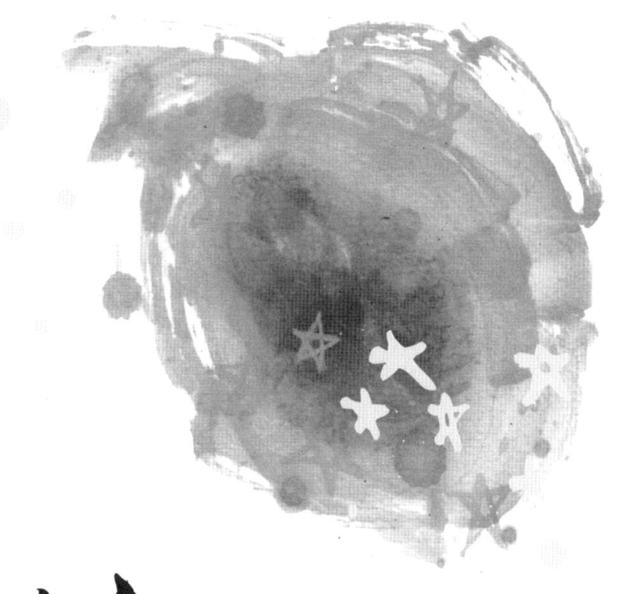

# 달빛

조성돈 시집

침실 깊숙이
훔쳐보는 이
누구인가
발자국 소리 없이
얼굴 없는 그림자만
너울거리네

도서출판 천우

## 시인의 말

언제부터인가 시는 내 삶의 일부가 되어 있었다.
잔잔하다가도 거칠게 이는 파도처럼 그렇게 시간들을
때론 조심스럽게 때론 거침없이 드나들곤 했다.
창작의 길이 결코 쉽지 않지만 시가 있어 삶의 활력소가
되어 주었다. 내게 있어 삶의 의미를 확인해 주는
산소 같은 존재였다. 건강이 허락하는 한 시세계로 향한
창작의 불꽃을 새롭게 지피고 꽃을 가꾸는 마음으로
정성 기울여 습작을 해 나가겠다.

2016년 어느 가을날

제 1 부

# 고향

제2부

# 봄

제3부

# 유월

제4부

# 가을

제5부

# 마음자리

제1부

# 고향

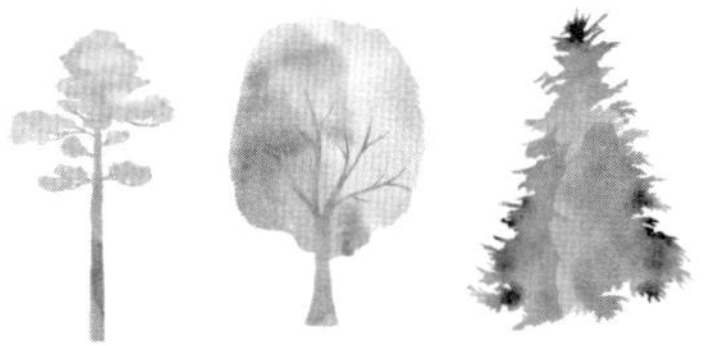

# 유년의 삽화

고향에 간다 한들 흔적 없이 사라져
만날 길 없는 그립고 그리운 집
마음이랑 꿈결에서 아른거리는 그 뜨락

오라비 따라 물 가마솥 아궁이
군불 지피노라면 실겅 소반 위
찬밥덩이 놓고 고양이 쥐란 놈
신경전에 놀라 신새벽 눈 뜬다

안방 입으로 조반상 들어가면
사방에서 일제히 입맛 다시는 눈알들
새벽부터 촐랑대던 삽살개 침 흘리면
담장 기던 꽃나팔 고래고래 나무란다

사랑채 부엌에서
풍구 신명나게 노래 부르면
여물 솥 줄줄 눈물 짜대고
벌겋게 달고 달은 고래구녕
고구마 익는 동네 한 바퀴
긴 그림자 밟는 소몰이 아이들
발걸음도 빨라진다

# 고향

저만치 다가오는 스산한 기운
코스모스 하늘거리며 부른다

희미하게
별처럼 떠도는 젊음의 터
일렁이는 별 숲 넘실 넘어
그 냇가 추억 낚아 올린다

산 꼭지 걸린 석양
다홍빛 온통 쏟아내면
꽃처럼 미소 짓는 물비늘들
속살거리며 부른다

산 아래 내려앉은
버섯 같은 초가 보얀 삶 솔솔
산허리 휘—이 감아 안는다

농심 따라 염생이도 총총
고단한 삶 짊어지신 어깨
가없는 사랑 지펴주신 아버지

땅거미 내리면 뜨락엔
따스한 정 살포시 내려앉아
함지박꽃 피어난다

향그런 길섶 그리움 실은 갈바람
살랑이는 코스모스 날리면
미소 같은 별들 쏟아져 내린다

# 빈집

산촌 마을
좁다란 길 따라
우두커니 서 있는 집 한 채
먼발치 추억처럼 보인다

담장 밖 내다보는 감꽃
앏고도 앳된 미소로
나그네 마음 끌어간다

장독대 항아리 안
돌이 되어버린 장 덩어리
이리저리 구르며
날마다 다독거리던
손길 그리운지
메마른 목소리 애가 탄다

먼지 뒤집어쓴 여물
빛바랜 구수에 담겨
돌아올 줄 모르는 주인
하염없이 기다리는 외양간

녹슨 문고리 당기면
부부 영정 한 쌍
대처로 떠난 자식 안부
눈 빠지게 궁금해
묻고 또 되묻는다

# 도토리묵

굴참나뭇잎 추풍에 날리면
떼구르르 산비탈 타는
앙증맞고 탱글한 염주알들
다람쥐 몰래 서너 되 주워다
고향에서 맛보던 묵 쑤어볼거나

귀여운 투구 쓰고 버티지만
단단한 옷 온종일 벗으면
드러나는 크림빛 속살 사나흘
찬물에서 울구는 갈빛 울음이구나

곱게 간 갈분 베자루
사정없이 치대고 치대
물과 섞여 푹 자고 나니
차분하게 가라앉는 앙금이구나

겨울밤 구수한 사랑채
마실꾼들 걸걸한 입담 물오르면
밤참으로 내오던 소박한 먹거리
요즘 맛보기 별 따기 귀한 별미
그리운 어머니 손맛 실컷 느껴보리

# 콩, 메주로 거듭나다

손수 수확한 콩

동짓달 기나긴 밤
찬물에서 껍질 찢어지는 아픔에도
수선대지 않고 낮은 소리로 토도독
멈춤 없는 갈증 견딜 수 없는지
무한정 물만 머금고 머금어
제 몸보다 몇 곱이나 키우더이다
동트기 전
마당귀 입 크게 벌린 아궁이
발그레한 장작불 지피면
연거푸 눈물 흘리는 가마솥
한 서린 여인네 닮았더이다
거품 물고 울컥 일어서는
우글하게 달아오른 알갱이들
황토빛 비칠 때까지 뜸 들여
절구통 대신 쌀자루 들어가면
사정없이 찧어대는 발절구질
주걱매 손매 수없이 맞고서야
어머니의 보물로 탄생하더이다

땀으로 빚어낸 메주

# 새벽길

고향 향하여 달리노라면
부엉이 눈 부릅뜬 반사경
보초 서듯 줄줄이 늘어서서
날름 라이트 불빛 받아먹고
길지기 여기 있소 발광한다

하늘 정원 산책 나온 아기별
반달 등짝에 살포시 기대어
산봉우리 풀섶에 잠들었나
샛별마저 자리 뜨면 길 잃을라
어서 잠 깨어 돌아가려무나

검은 커튼 천천히 걷어내고
산등성 싱그럽게 걸어 나오면
가로수 길도 기지개 켜는지
온갖 잡념 말끔히 털어내고
가슴 뚫리도록 열어젖힌다

흐릿하던 산촌 시선 잡히면
어제의 잔해 깨끗이 지우고
주춤거리며 다가오는 오늘
신선하게 받아들인다

# 조롱박

어머니 얼굴 숨어 있다
벽걸이 조롱박 보노라면
사무치는 그리움에
시간의 갈피 넘긴다
뒤곁 무성한 박순
자식 정 주듯 쌓인 사랑
조롱이 조롱이 맺힌다
가파르고 메마른 삶 속
넉넉한 정 나누며 살라는
못난 이내
소유욕 뿐 몰랐더이다
그 어머니 닮은 지금
마음 헤아릴 듯 합니다
어머니 혼 들어 있다
벽걸이 조롱박 보노라면

# 산소 가는 길

비탈 언덕 오르노라면
천수 배미 짙푸른 물결
밀고 당겨 파도타기 여념 없어
산새 마실 와도
본체만체 무심하더라

꼬마 호롱 등 달아놓은
참깨 밭 옆에 끼고 걷노라면
은비늘 발광하는 은사시나무
샤갈거리면 대숲도 새살대고
싱그러운 화음 어우러진다

비가 오나 눈이 오나
변함없이 다소곳이 서서
부모님 지키는 망부석
은빛 옷 새로이 갈아입고
저만치 마중 나온다

비탈 언덕 내려오노라면
혼쭐 놓는 누군가의 호통

뒤따라오며 귓전 울리는
살아생전 효도 못하고
사후에도 부모 곁 멀리 있는
억만 겁 죄인 자식이어라

# 어머니

심산유곡 정기 마셔
청옥같이 순수하게
피어난 수줍은 꽃

거친 속세 비비다가
폭풍 같은 사랑으로
발목 잡힌 운명의 꽃

굽이굽이 고인 설움
가슴 태운 깔딱 고개
완숙으로 빚어내어
어머니로 피어난 꽃

새끼 날아간 빈 둥지
베갯잇 적시는 밤
애간장 녹이는 그리움
태산 키워가네

# 북평장

거기에 가면
삶의 소리
소란스레 파고든다

거기에 가면
그리운 향수
청국장 구수한 어머니 냄새
때 묻은 푸성귀 사온다

거기에 가면
궁금했던 얼굴
약속 없이도 만나지는
행운 깃들인 날이다

거기에 가면
한 아름 추억
화들짝 피어난다

# 외할머니

병골 남편 일찍 여의고
육이오 동란 때
고명아들마저 가슴에 묻고
시집간 네 딸 그리워하며
외로움에 외손녀 곁에 두었어라

취학 전 어머니 손잡고
무수히 오가며 절반은
외가에서 살다시피 한 시간들
이제서 깨달은 가없는 사랑
멈춤 없는 강물이어라

도장골 산등성이
저만치서 손 흔들며
언년아 넘어질라
삼베 적삼 할매 얼굴
점점 작은 점 될 때까지
돌아보고 돌아보던 아이

수십 년 만에 꿈속에서
뵈온 어머니의 어머니는
손 흔들며

언년아 넘어질라 정겨운
생시인 듯 생생하게
그 유년의 터에 계시더라

# 큰 고모님

— 푸근한 그 한마디

열대야 상륙하여
기승부리는 복날 앞에
큰 고모님의 부음 듣고
사십여 년 전 되돌아봅니다

낯선 서울살이 시절
측은한 기색 역력한 낯빛으로
먹는 게 부실하지 않나
때만 되면 걸린다고
엉치 붙일 새 없는 와중에도 챙겨주랴
삐죽 열린 문틈으로 고개만 들이밀고
얘야 입맛 다시러 오렴
한마디 툭 던지고
바삐 달음질하시던 큰 고모님

작년 가을인가 고모님 댁 향해
십년 만에 들어선 인사동 골목
어찌나 낯설던지 길게 헤맨 끝에
가까스로 찾아뵌 일이 이별일 줄이야

가신 뒤에야 깨달은 어리석음
큰 고모님은 마음 속 고향인 것을
살아생전 무심했던 이내 마음 야속타
베풀어주신 드높은 공덕 어찌 갚으리오
사무친 그리움 금시라도 들릴 듯한
얘야 입맛 다시러 오렴
푸근한 그 한마디
가슴속 영혼의 노래로 살아 숨 쉬리

# 쑥

밭둑에서 쑥을 뜯는다

험난한 자리도 마다 않고
닿는 곳이라면 무조건
뿌리내린 쑥무리
대소쿠리 한 가득 따다가
쑥버무리 마구설기 찔까 보다

두레상 머리 옹기종기
둘러앉은 여섯 남매들
코끝 구수한 냄새
쑥개떡 배불리며 자라는데
살포시 살아나는 우애의 정
다투어 웃음꽃으로 피던 시절

어쩌다 손가락 베어
살짝 선혈 비치면
할매의 유일한 처방
짓찧은 쑥이 지혈 직방이라는
효능으로 인정받은 상비약이다

고집스레 질긴 생명력으로
농심과 영역 다툼 벌이지만
품고 있는 따스한 성품
외면할 수 없는 인연인 것을
함께 한 기나긴 시간들
사람들 가까이 친숙하다

들녘에서 추억을 뜬는다

# 길

세월이랑 저편 너머
머언 인생의 뒤안길
시간 거슬러 달려간단다

서녘 노을 곱게 물들면
뒷동산 이어진 허리 휜 오솔길
천진하게 아이는 뛰어놀았단다

잔솔밭 사잇길 드나들면
가슴이랑 유유히 도는
쑥쑥 키우던 꿈 이글거리었단다

세월만큼 걸어 온 잔솔은
그리움 나무마다 얽어놓고
하염없이 그 아이 기다렸단다

아름드리 지금도 한결같이
푸른 솔향 길목 길목 흩날리며
그 시절 그리워 노래한단다

# 빨래터

문명의 바람 거세게 불어도
꺾임 없이 현존하는 당저리 명물
점점 사라지는 이웃 간의 정
질팍하게 이어주는 소통의 다리이다

타는 가뭄에도 마르지 않고
늘지도 줄지도 않는 채움으로
나지막히 조잘대는 작은 도랑
세속의 온갖 오물 제 몸에 품어
가림없이 정화하는 청정 샘물이다

가가호호 안부 궁금해지면
실타래 얽힌 인연 두런대는 소리
담장에 가려진 온 동네 이모저모
속속들이 너름새로 풀어놓는다

아낙네들 허심한 이야기 속으로
방망이질 정겹게 스며들면
불현듯 마음 바다에 이는 향수
야트막한 시냇물 자갈 밟으며
버들치 송사리 신나게 쫓다가
먼발치 엄마 얼굴 희미해져도
빨래 매질 들리면 걱정 없던 아이

# 석류

수수깡 삽짝
삐죽이 열린 외가
두레박 우물 곁
석류 한 그루

밀양 박씨 문중 새색시
알알이 새긴 사랑
불그레한 보석주머니
탐스레 맺히더이다

푸르디푸른 낭군
전장에 꽃잎 되고
아들마저 산 너머
홀연히 보내고
질화로에 지친 삶
세태에 밀려가더이다

참 무심도 하지
자수정 에메랄드 유난히
쏟아놓던 그해 가을
시름시름 안주인 가고
가문의 닻 내려지더이다

수수깡 삽짝
삐죽이 열린 외가
두레박 우물 곁
석류도 시들어가리

# 달빛

침실 깊숙이
훔쳐보는 이 누구인가
발자국 소리 없이
얼굴 없는 그림자만 너울거려
산란한 마음 둘 데 없어라

칠성당 모셔놓은 장독대
달빛 고운 내 고향에는
마주 걸터앉은 어머니와 아이
반달 물고 있는 손톱 불그레
봉선화 꽃물 서서히 들더라

보석상 차려놓은 하늘 정원
별만큼 옛이야기 듣노라면
수줍은 얼굴 새하얀 조롱박
솔깃해서 귀 기울이더라

옥판선지* 병풍 너머
지켜보는 이 누구인가

신비로운 밤그림자는
야심한 시간 벗 되어
호젓한 심신 달래주더라

＊옥판선지(玉板宣紙) : 빛이 희고 폭이 좁고 두꺼우며 결이 고운 선지의 한 가지.

# 고시촌가

— 노량진

삶의 귀로 향하여
원대한 포부 품은 청춘들
줄줄이 흘러드는 푸른 대열
머물다 가는 대합실인가

대열에 합류한 아들아이
젊음을 담보로 뛰어든
각고의 나날들
가슴 에이는 시간의 태엽
파닥거리는 시절이 애처롭다

파도조차 일지 않고
숨소리마저 가라앉는
상아탑으로 쌓여 가는
끊임없는 정진
견뎌내는 심신 대견하다

환하게 돌아올 봄 그리며
속 깊이 새긴 원 하나
정상으로 향한 포부 놓지 않는
내일의 듬직한 청춘들이여
언제나 응원 보내리

# 제2부

# 봄

# 봄

북데기 빛으로 누운 밑동 아래
원대한 포부 품어 생명 잉태하고
예서 제서 촉 틔우랴 붐비는 소리

따사로운 볕이 아지랑이 피우면
암흑 뚫는 고통으로 몸부림치다
무언으로 들썩이는 저 산고 좀 보아

실버들 파르스르 커튼 내린 사이로
갓난쟁이 갯버들 화들짝 눈뜨면
해전 옹알이하는 저 실개천 좀 보아

제아무리 땅에 떨어진 좌절도
일어서지 아니하곤 배길 수 없이
희망으로 돌려놓는 역동 바람 소리

# 봄비 1

한 밤 중
느닷없이
웬 콩 튀는 소리인가
창밖이 시끌시끌하다

귀한 손님 오시는지
밤도 잊은 채 달그락달그락
한 상 푸지게 차리는가 보다

임 오시다 넘어질세라
잠도 잊은 채 두두둑
길 단단하게 다지는가 보다

겨우내 쌓인 먼지
말끔히 낯 씻기고
저기 오는 새 손님맞이
새벽까지 분주하다

# 봄비 내려와

하루 물리고 자리 들던 차
똑똑 창 두드리는 이 누구인가
먹빛 배경 속 뛰어드는 빗줄기
은빛 고운 발 내리며 두런거린다

다시 오마 기약하고 떠난 이
분홍빛 기쁨으로 만나기 위해
멈춤 없이 서둘러 준비하는가

가뭄 들어 농심 걱정 덜어 주고파
흥건하게 비지땀 흐를 때까지
대지의 메마른 살결로 스며 섞이고
밭갈이 수월한 속살로 어루만진다

# 선운사의 봄

천년의 시간 품은 전각
고풍스럽게 서 있고
넓디넓은 뒤뜰엔
아름드리 동백나무 즐비한데
짙붉은 입술들 환한
미소마다 향내 넘치네
예불 알리는 범종 소리
바빠지는 공양주 보살 옷자락에
묻어오는 향그러운 내 참지 못해
호기심 발동하는 아기 다람쥐
기웃거리다 절 마당 가로지르네
일주문 바라보는 들머리 섶에는
못다 피운 사랑 못내 못 잊어
떠돌던 영혼들 환생했다는데
금생 또한 전생 똑 닮은 그들
못 만나는 임 아픈 전설이지만
풋풋하게 물들어 지천이더라
동백향 흠씬 더욱 푸르러라

# 봄을 깨우는 소리

산사 깊은 골 안
계곡 타고 내려오는
수정거울 아래 들릴 듯 말 듯
조근거리는 작은 도랑의 이야기

추녀 끝
눈[雪] 물 먹고 자란 고드름
볕 드는 한나절 제 몸 녹여 산화하는
대지의 볼기짝 토닥토닥 달래는 소리

거센 바람 무서워
큰 소리로 차갑게 울던 풍경도
살살 간지럼 태우는 미풍이 좋아
마냥 한가로워지는 청량한 목소리

소란스럽고 조신하게
살그머니 희망 불러오는
살아 숨 쉬는 숨결이리

# 사월

연분홍 탐실한 꽃
흐드러지게 봄물 들이고
마냥 설레는 푸른 청춘들
사랑빛으로 짙어만 가네

봉황산 비탈길 거슬러 오르니
어김없이 돌아온 봄 향연
기별 없이 찾아드는
걸음들 정수리 위로
흩뿌리듯 벚눈 내리는데
벌써
닻 오른 시화전 만나
낯빛 가득 머금은 고운 미소들

연분홍 어여쁜 웃음꽃 따라
사람도
시화도
화들짝 피어나네

# 사월의 뜰에서

살며시 꽃비 다녀간 뒤
지(地)면 뚫고 다툼 벌이는 새싹들
연둣빛 봄무늬 찍어내랴 여념 없는데
부푼 꿈 앙증맞게 키운 벚나무
지난해보다 한발 앞서 서두르더니
연분홍 하얀 튀밥 한 방에 터뜨리네

이 나뭇가지 저 나뭇가지 오가며
꽃바람 피우는 이름 모를 고운 새
따라가는 마음 살짝 봄바람 났나
마당귀 서성이는 반나절 짧기만 하네

거리의 젊은이들 넌지시 바라보니
분주한 가운데 환히 피는 얼굴들
그들 속에서 나의 꽃시절이 웃고 있네

머지않아 우리 곁은
연둣빛 시향의 봄으로
진한 향기 진동하겠네

# 세월호 참사가 부른 슬픔

올 사월은 어느 해보다 슬프다

온갖 꽃 피우는가 싶더니
꽃잎 떨군 뒷자락의 비보
너무나 크나큰 흠집 내고
마음 마음에 내려앉은 우울
그 많은 어린 꽃들
무참히도 꺾어버리고
가슴 에이며 녹아드는
슬픔의 골 깊어만 간다
시립기만 한 수심 아래
불량선에 갇혀 사투 벌이다
싸늘하게 식어간 사랑스런 아들딸들아
봄날 꽃잎 지듯 사라져간 사월 꽃들아
누구 손길도 없이 맞은 처절한 최후
얼마나 춥고 외로웠을까
이제 시련의 아픔은 모두 내려놓고
좋은 세상 만나 편히 쉬었으면
팽목항의 슬픔은
하늘에 닿아 통곡하는
마르지 않는 눈물이리

## 잊고 싶지만 잊을 수 없는 사월이다

*2014년 4월 16일 진도 앞바다에서 발생한 세월호 침몰에 관한 시.
*유명을 달리한 세월호 승객 및 안양 단원고 학생들의 극락왕생을 빕니다.

# 청보리

들꽃마저 떠날 차비 서두는 시간
삭막한 빈 들녘에 삶의 터 잡고
한껏 움켜쥔 꿈 섞어 뿌리내렸다

무심한 침묵의 강 비집고 일어나
차창 밖 내다보는 건조한 시선들
쉬어가라 푸릇한 잔디 깔아놓았다

매운바람으로 냉수마찰 시름하다
백설 이불 섶에서 스르르 잠들면
구슬같이 영글어가는 꿈 낱알들
성숙한 마음 따라 성큼 자랐다

# 크나큰 별

— 김유정

진병산 울타리
떡시루 안쳐 놓은 듯
아늑하게 내려앉은 마을
모정과 사랑 여읜
아픈 청춘 하나 애달퍼라

애환 얽힌 실레 땅 쓸어안고
못다 한 사랑 한풀이하듯
허전한 가슴 뜰 이랑마다
뜨거운 열정 무한정 쏟아
질팍하게 메웠어라

진병산 동백꽃 필 무렵
점순에게 봄 봄 온다는데
산골 나그네 느티나무 길 지날 때
노다지 쏟아지듯 소낙비 내렸어라

그리운 이 가고 없어도
문학 속에 깃든 혼
후예들 가슴 가슴에 스며
빛으로 밝혀주리

# 죽서루에서

바닥으로 가라앉으려는
마음자락 추슬러 보자고
송강(松江) 혼 깃든
누각 주변 휘도는
짙은 강물
깊숙이 묻어둔 무언 뱉어내며
수면 위로 그물망 그어 사근댄다

걸작 건지려고 몰두한
사진작가 뒷덜미는
쟁기 날 세워 밭고랑 일군다

옷 벗어젖힌 은행나무 단풍나무
매몰찬 바람이 할퀴어댈 때면
성한 시절 그리워
견뎌내는 신음 소리 눈물겨운데
보시락대는 대숲은
냉랭한 시공 청량하게 깨뜨린다

관동 비경의 전설
사계 넘나들며 읊조리는
향기 어린 옛 님의 노래 앞에
탄식하는 후예들의 별곡
한량없이 쏟아진다

# 만개(滿開)

사월 닻 오르면 봉황산 자락 환하더라
대낮보다 더 밝은 등불 누가 켰는지
두고 보기 아까운 불꽃 냉큼 따다
시간 너머
고향집 골방에 달아 놓으면 밝겠네
폭죽 쏘아 올려 핀 듯한 꽃송이들
보얗게 부풀린 속내 바람 나팔 불면
춘곤증 걸린 산등성이 비스듬히 누워서
수줍게 돌아보네
고즈넉하게 쉬고 있던 시인의 노래는
은은하게 유혹하는 향내 쫓아 나왔나
화사한 그늘 아래 맵시 있게 자리 잡고
벼르고 벼른 외출 벚꽃 향 흠씬 들이키네
지칠 줄 모르는 원력 해전 쏟아내는 웃음꽃
포실한 시선 주고받으며 소통하는
우아하게 차려놓은 사월 만찬 푸지게 익어가네

# 영산홍

시새울 바람 내 앞길 가로막아도
서슴없이 정적 차고 나아가
겨우내 참았던 속마음 쏟아 놓으리
연분홍 진분홍으로 짓물들이고
봄동산 유희할 벌 나비 불러오련다

꽃구름 피우듯 봄빛 웃음으로
우는 햇애기도 방실거리게 하리
수줍은 미소 발그레 달구어
지천으로 내달리며 불사르고
시선마다 환호성 터지게 하련다

헤프다 하리만치 웃음 베풀 터
절정 향하여 거침없이 질주하리
향내 머금은 바람으로 편지 띄워
물 샐 틈 없이 몰려오는 발길 잡고
호사스런 축제로 스미게 하련다

누구나 찾아드는 봄동산
빛 고운 향연 환하게 열어놓고
추운 겨울 묶여 있던 마음들
반가운 초대로 안부 나누는
훈훈한 소통 바람 불게 하리

# 맹방 유채꽃

사월이 오면
제주가 고향인 아가씨들
벚눈 내리는 소문 타고
파도처럼 흘러온다지

달착지근한 내음 풍기며
질투의 물결 흔들거리는
샛노라니 수채물감 칠한 듯
엄청나게 엎질러놓는다지

진한 향내 취해
끝없이 달려오는
바다같이 새파란 총각들
뜨겁게 후끈 익는다지

구박 열흘 긴긴 여정 끝자락
저만치 돌아갈 시간 서성여도
변함없이 선명한 미소로
사람들에게 인사한다지

여전히 화사한 그녀들
피곤한 기색 전혀 없이

해전 웃음꽃만 피우는데
자꾸만 아쉬워진다고
불러 앉히는 맹방 앞바다

# 을숙도 연가

주말부부 신혼 시절 임 배웅하고
돌아오는 똑딱선 명지 향하면
기인 머리 휘날리는 여인
애간장 훑는 그 노래
마음 짠해지는구려

스치는 바아람 머리채 휘어잡고
탄식이라도 쏟을 기세
저희끼리 보듬어 안고 비비고 비벼
바시시시 하소연 풀어놓는구려

떠돌이 철새 불러들여
어미의 품속 같은 보금자리
마련해 주고 생명 잉태하는
사랑의 찬가 종일 들려주는구려

그 떠난 빈자리 그리움의 그림자만
차갑게 남아 외로이 맴도는데
나직히 흐느끼듯 부르는 송가
마음 달래주는구려

# 오월

짙푸른 신록
지그시 품으면
풋풋한 첫사랑의 그리움
가슴 가득 스며 온다

간간이 부는 바람
스치고 간 자리마다
달큰한 아카시아 향내
끝없이 밀려온다

종일 쏟아지는 싱그러움에
한참 물오른 꽃망울들
함초롬히 피어나
사랑 익어가는 시절이여

# 월송정

솔밭 오솔길 따라 저만치
창공 가르다 하강한 학이
살포시 내려앉은 형상이구나

제아무리 세찬 바닷바람 불어도
만 그루의 미인송이 방패막이로
누각 돌아가며 빼곡히 서 있으니
천군만마도 부럽지 않겠네
늘 푸른 청춘 품고 사는 청솔밭
굳은 절개의 성품 지니고
한결같이 기세등등하구나

옛 문객이 남기고 간 시향에 묻히면
자꾸 등 떠미는 파도의 성화 못 이겨
송림 가득 고인 바람 잠들지 못하고
찧어대는 솔방아 구슬피도 우는구나

정각 애호하며 풍상 이겨내고
다정스레 마주 대하는 백일홍
만개 못한 아쉬움 하도 많아
꽃 피는 날 한 번 더 찾아달라는
간절한 기색이 마음 흔드는구나

솔바람 애절한 보름날 밤
월송정 정수리 위엔 임 그리워
휘영청 보름달 떠오르겠네

# 죽서정

봉황산 정수리 끄트머리 붙잡고
어떤 기다림 있기에
무한정 바다 향해 고개 두는가
혹시 찾아주는 이 서운할지 몰라
넋 놓고 우두커니 서 있나

해면 한가득 빗살무늬
눈부시게 드리우면
수다스레 달려오는 금 물살
앙금으로 앉은 번뇌 씻어가나니

품으로 살며시 깃들면
아뜩한 시선 화려한 반란으로
신선한 입김 벅차게 밀어와
고요하던 모세혈관도 활발하나니

사계절 내내 굳건한 선비
묵묵히 기다리는 넉넉함으로 스며
따스한 만남 피어나는 담소
산새들도 끼어들어 한데 섞이고
한바탕 시끌 가파른 삶 달래나니

# 제3부

# 유월

# 유월

사이좋게 뻗어내린 산줄기들
한마음이라 한 가지 색깔인가
바다보다 푸르게 일렁이는 저기
한 자락 베어 꼬옥 안아보면
금시라도 초록물 떨어지겠네
몰라보게 무성해진 화원 향해
끊임없이 활시위 보내는
성가시게 구는 따가운 햇살
봉긋해진 꽃봉오리 다칠세라
살그머니 밀어올리는 꽃대궁
무던히 견뎌낸 끄트머리엔
선홍빛 어여쁜 장미 피겠네
창공보다 시원한 초록물 가져다
시간 너머
어머니들 무명 적삼 물들이면
새색시 저고리만큼 곱겠네

# 넝쿨장미

유월의 뜰 내다보니
서로 부둥켜안고 담장 타며
줄기차게 뻗어가는 갓 송이들
온통 짙붉은 웃음 밭이다

얼마나
강렬한 사랑 깊이 품었기에
그리도 향 짙은 미소 쏟아내나
지나칠 수 없는 뜨거운 유혹에
오가는 마음들 끄달려간다

해마다 잊지 않고
곱다랗게 화장하고 돌아온
유월의 화려한 신부여
시간 앞에 사람들은
서서히 빛바래가지만
맵시 매력 잃지 않고
향수 어린 향그러운 입김
온몸으로 작열하는 사랑이리

# 여름 바다

어둠의 먹지 서서히 지우는 신새벽
끝 간곳없이 그어놓은 수평선 너머
다홍보다 더 곱게 타는 일출은
누가 밀어올린 황금 여의주인가요

잔잔하게 흐르는 에메랄드 물결
하늘에 천여 필 바다에 천여 필
넓디넓게 널어놓은 비단 옷감은
누가 그리도 시원스레 물들였나요

어둠의 먹지로 수많은 보석 박히면
집어등 등대 삼아 하얗게 달려와
배경음악 어우러지는 파도의 하모니
시향 감미롭게 번져 점점 익어가는
조각공원 문학의 밤 향그럽네요

# 그 여름의 해변

열대야 상륙하면 견디지 못해
무기력한 몸과 마음 추스르고자
시원하게 탁 트인 푸른 바다 향해
자꾸자꾸 모여드는 사람들

구름 몰려오듯 끝없는 차량 행렬
작열하는 태양보다 더 뜨끈하게
신열 토해 열병 앓는 영동고속도로
지상의 거대한 띠 두르네

서늘하게 허리춤 세우고 이는 파도
붐비는 인파들의 열기 식히노라면
땡볕으로 모래사장 달구던 무더위도
뒷걸음질 눈치 보다 슬슬 비켜가네

해변에서 풍미했던 이야기들
사랑 그리움 깃든 수많은 사연들
모래 위 발자국에 남겨두고
한철 북적이다 사라지는 도시지만
열대야 상륙하면 다시 돌아오리

# 사총사 만나던 날

수그러들지 않는 폭염 피해
한강 둔치에서
묵은 우정들 회포를 푼다

칠월 살진 하현달
구름 숲 넘나드는데
벗들의 유쾌한 입담은
하늘바다 조각배 따라
끊임없이 흘러만 간다

오색 빛깔 눈뜨는 잠실교
물거울에 너울거리면
도심 가득 빛 발하는 별만큼
학창 시절은 쏟아져 나와
피어나는 웃음꽃 강물 위로
왁자지껄 내려앉는다

저 너머 부는 바람
사라지는 더위 성크름하고
아쉬움 교차하는
헤어짐 뒤
그리움만 홀연히 남는다

# 바닷가 사람들

겉보기엔 투박하고 거칠어
보이지만 속정만은 두둑하다오
진한 토어가 낯설고 물설어
물 위의 기름처럼 섞이지 못하고
아우를 수 없었던 시절 있었지요

삼십여 년 가까이 김치
버무리듯 비비고 비빈 세월
얼기설기 맺은 인연
깊이깊이 스며든 정 넘쳐나니
어찌 아니 좋다고 하리오
고향보다 더 고향 같은 곳이지요

새벽녘 번개가 눈 뜨면
골뱅이 도로묵 사오와
무꼬랑 나무새 사오와
구수한 사투리가 발길 잡는
잠시 섰다가 파하는 난장판
덤으로 후한 인심도 넘치지요

화끈한 성품
탁 트인 목청

통도 크디큰
속
정
깊
은
바다 닮아 있지요

# 멸치

바다의 오묘한 맛 담뿍 담고
은사시 이파리 일듯
물비늘보다 더 아름다이 반짝이는
은비늘 파닥거리며 뭍에 올라왔네

볕 좋은 날 마르고 또 마르면
가는 길 각기 달라질 운명
크기별 쓰임새별 갈림길에서
신선 빛깔 다투어 선보이네

먹이사슬에 얽혀
바다를 살찌우던 거대한 무리
육지에선 마른 사람들의 상징물로
입에 오르내리는 별칭 달고 다니네

펄펄 끓는 육수에서 혼 풀이 하는
그토록 바다의 맛 뽑아냄은
사철 쉴 새 없이 푸른 물결 춤추는
나고 자란 모태 잊지 못해
다시 돌아가고픈 마음인 거야

# 눈꽃

구름의 자궁이
무한정 해산해 내는
희디흰 꽃잎들이
하르르 하르르
흩어져 내린다

비탈 언덕
굴참나무 아래
포근하게 이불 깔아
소박한 신방 차려놓고
빈 가지 들이밀어
피워낸 눈부신 꽃이다

순백의 꽃!
결빙의 꽃!

눈 먼 사랑 난무하여
회색빛으로 물든
땅에서는 피지 못할
심심산골 홀연히
피어난 티 없이 맑고
순결한 꽃이다

## 천상호

그대의 품 오밀조밀한
여인상 닮았구려
해면 위로 아른아른 떠 있는 호수
천인(天人) 실수로 왜목에 하강했나
여명 트기 직전, 고흐도 탄식할
화폭으로 비경 열어놓았네

바람이 살갗 매만지면
춤사위 결결이 곁들인
저 추임새 뉘에게 향한
애끓는 고백이더냐

먹빛으로 물들인 포장이
온 세상 가두어 놓으면
호숫가 비단어
줄줄 떼 지어 달리는 소리
고요하게 잠자는 침묵
흔들어 깨우네

여인의 몸 빼어 닮아
마음의 수면 위로 떠오른 별천지
작디작은 하얀 돛배

밀물 썰물 오락가락 보채도
정든 사람 남겨 둔 채
떠나가기 발길 아니 떨어져
한량없이 쉬어가자네

# 6인(人)의 용사는 어디에

— 천안함 침몰

조국의 명령으로
작전수행 하던 중
갑작스레 들이닥친 변

냉랭한 바닷속 어딘가
가련하게 식어간 끓는 피
주검조차 흔적 없이 산화되었나
눈부신 청춘 못다 피운 채
스러져간 영혼만 떠도는가

이창기 준위 최한권 원사
박경수 상사 장진선 중사
강태민 상병 정태준 일병

든든한 버팀목으로
탄탄한 방패막으로
나라를 수호하다 사라진
장한 대한의 수병들이여

화랑무공훈장 빛 발하며
겨레의 가슴으로 귀환한 용사들이여
조국은 말하노니

그대들은 우리의 영원한 영웅이라고
그만
번뇌 내려놓고 편히 쉬소서
안식으로 들어 극락왕생하소서

# 독도

역사의 진실 왜곡하지 마라
귓전 서늘하게 때리는 파도의 호통
하얀 포말의 간곡한 절규는
당신에게 향한 겨레의 마음이네
두 눈에 불 켜 우뚝 선 당신
드나드는 연락선 뱃고동 소리마다
향방 일러주는 등대지기라네
조국의 과거사 저지른 저들에게
뿌린 대로 받는 죗값 내렸건만
인과응보의 진리 번번이 외면하고
탐욕 속에 키워온 검은 야욕
서서히 드러내는 망언 일삼네
저들 손에서 태어난 옛 문헌도
더 이상 번복 말고 파문도 일지 말며
부끄러운 역사 잉태하지 말라 하네
역사의 진실 왜곡하지 말라 하네
가슴 애절하게 울리는 당신의 고백
속속들이 기억하고 새기며 지켜온
대대로 이어갈 조국의 품이네

# 동백꽃

뭍으로 올라온 섬 아기씨
가녀린 몸 가누기도 겨워
폭설에게 꺾인 몇 해이던가
멈춤 없는 고달픈 나루
무던히 견뎌낸 세월
드디어
선홍빛 봄으로 피어나더라

꽃잎 닮은 어여쁜 신부
천 리 타향 설운 시집살이
어우르지 못하던 낯 갈이
두고 온 고향 산천 하도 그리워
지새우던 하얀 밤 물들인 전설
아직도
붉은 시름꽃으로 피어나더라

# 진눈깨비

오가는 계절 마중 배웅 산행하는
장엄한 비경의 순간 깨며 끼어든
비도 아닌 것이 눈도 아닌 것이
머물던 자리 내어주고 그냥 가기
은근슬쩍 치미는 부아 삭이지 못해
겨울 끄트머리 붙잡고 암상을 떤다

까실하게 구는 추위 참아온 산수유
작은 씨눈 속에 잔뜩 부풀린 소망
마—악 터뜨리려는 찰나
불청객 들이닥쳐 움츠러드는 몸
가누기도 겨운지 움찔 주저앉는다

신접살이 분주하던 다람쥐 문 걸고
나뭇가지 새 둥지도 기척 없어
외로움에 떨다 비탈 나뒹구는 가랑잎
쏴—아 쏴—아 구슬피 우는 울음
하산하는 발뒤꿈치 당길 듯이 스며 온다

무색 지대 위로 돋움 하는 새 기운
무작정 때리면 여린 마음 다칠라

남의 앞길 걸림돌 아니 되려면
부질없는 표류 그만 물리고
아량 베풀어 북방으로 가려무나

# 겨울 산행

칼바람 맞으며
산길 따라가면
계곡 아래 얼음장 너머
누군가 낮은 목소리로
두런두런 이야기한다

산 아래서
미움 한 자락 키우며
선 날도 곡선으로
휘어져 무디어진다

밑에서
멀게만 느낀
낯선 얼굴도
진솔하게 다가서면
어느새 친구 된다

산행의 기쁨은
매운 칼바람도
훈풍으로 돌려놓아
사람과 사람의 인연
맺어주는 중매쟁이

# 경포호에서

애기 동짓날
매운 한파에 돌아선 마음인가
빛 고운 하늘도 살가운 바람도
들이지 않는 외면 서릿발만 세운
둥글게 누운 얼음벽이 닫아걸었네

무심한 침묵 언제쯤 깨뜨리고
거짓 없는 물거울 비춰주려나
곱게 내려앉는 노을빛 자락 따라
금빛 물비늘 위 한가로이 노닐던
물오리 떼 오랜 상념 속에 떠 있네

거센 바람에
넘어졌다 일어서는 갈대의 시련은
얼어붙은 단절 시원스레 풀고
누구나 깃드는 봄 돌아오라는 기원
냉랭한 시공 가르는 구슬픈 가락
가슴 후비는 애절한 노래는
성한 시절 기다리는 그리움 연서이리

# 은반 위 발레리나 여왕

— 김연아

한동안 떠났던 그녀
새롭게 은반 위로 돌아왔네
역경 넘어 최고봉에 올라서던
별난 생의 고난 기쁨 깃들인 곳
다시 올 수밖에 없는 그녀의 고향이다
결빙 차고 그어가는 발끝의 묘미
혼신 다해 펼치는 다능한 춤사위
뉘도 따를 수 없는 우아한 율동이다
오롯이
피겨스케이팅에 건 인생 여정
녹슬지 않은 연기 여전히 돋보이네
파도 일듯 너울거리는 몸의 언어들
전신 곳곳 스며 있는 내공의 분출이다
자신과의 질긴 싸움 여유롭게 즐기며
남다른 끼 받쳐줄 거름 다지고 다지는
사그러들지 않는 한국인의 긍지 살려
애국가 울릴 왕관 거듭 빛 발했으면

# 두타봉

우두커니 서 있는 가로수 가르면
부처님 형상 닮아 있는 봉우리
따스하게 들어와 붙들리는 마음

산허리 걸려 있는
안개구름 너머
겹겹이 펼치는 신비 사이
먹먹하게 떠오른 상 하나

제일 상상봉 정수리
장엄하게 가부좌 틀고
긴 동안거에 든
묵도 수행 정진인가

임의 향기 어린
고요하고 거룩한 자태
내려다보는 듯 싶어
절로 끄달리는 마음

# 폭포

산의 자궁이 낳은 소리꾼
동면 들어 겉보기 고요하지만
내면 깊이 옹골지게 키운 꿈
투명한 수정꽃 환하게 피운다

어느 사이
뭍 생명들 꿈틀거리는 경칩
본연의 성품으로 돌아와
안으로 머금은 속내 풀어내랴
시원스레 내리치는 호령
골 안 골골 서늘하게 울린다

멈춤 없이 목청 높이는 소리꾼
한의 소리 쏟아내는 명창인들
저토록 발성 연습 할 수 있겠나
가슴에 맺혀 있는 응어리마저
모두 소멸되어 뚫릴 때까지
후련하게 뽑아내는 곡조
드디어 완창이다

# 제4부

# 가을

# 가을

까마득한 저 옛날
원삼 족두리 쓰고
막내 이모 시집가던 날

새색시 옷자락 깃으로
살그머니 숨어들어
발그레 달아오른 수줍은 얼굴
짓궂게 간질이다 심통 났는지
따끔하게 활시위 당겨대고
냅다 고추밭으로 달음질한다

밭고랑 기어들어 납작 엎드리고
초례청 막내 이모 연지보다
더 곱다란 염랑 주머니 달아
금동전 열닷 냥 은동전 열닷 냥
몰래 넣어두고 참깨 밭으로 향한다

도장골 신혼부부
깨 쏟아진다는 소문 듣고
참깨 두어 말 쏟았다지 아마

## 결실

한 밭 가득 영글어가는
가을 녘 가로질러 거닐면
활활 사르는 사루비아가
바람 매 맞아 혼쭐난 마음속
따스하게 스며 와 데워줍니다
실오라기 하나 없는 청정 창공은
구름 속에 두었던 햇살 붓으로
곱다란 배경 넣어 물들이고
탐스러운 계절 맺고 있습니다
지렁이 기어가는 비탈길 거슬러
콩꼬투리 주절주절 만삭이 되면
건너편
알밤 떨어지는 소리
투둑 투두둑
바라만 보아도 풍성해집니다
세상 속으로 드높이 비상하여
마음 바다에 숨어 있는 시심
누구에게나 친근한 벗으로
알찬 결실 거두고 싶습니다

# 어느 가을 냇가에서

포실 햇솜 피우는 하늘
거울 보듯 빤히 내려다보면
비스듬히 누운 산자락도
불그스름 제 몸 태우며
깊어가는 계절 들여다본다

불난 산 안고 가는 시냇물
나지막한 속살거림 다정하지만
여울목에선 사나운 소용돌이
바위 돌도 둥글게 빚어내는
거대한 물살의 힘이여

곱다시 자갈대는 자갈 노래에
샛노란 들국화 빙긋이 웃는데
먼발치 짝 찾는 잿빛 두루미
덤불 사이 꽁지 깃털만 서성이다
상류 거슬러 유유히 사라진다

# 가을 바다

누가 펴놓은 쪽빛 이불이더냐
정처 없이 떠다니는 조각구름
불러 모아 실컷 쉬어갈 거나

누가 열어놓은 보석상이더냐
휘황찬란 혼수용품 장만해보렴
시려오는 눈 아뜩 멀미 이누나

누가 내다버린 청 실크이더냐
연비취 진비취 고운 옷감들
그리도 차분차분 깔아놓았나

버려두기 아까운 것 고이 접어
두었다가 막내딸 시집보낼 적
치마 적삼 곱디곱게 꿰매줄 거나

# 세월

해맑은 냇물에
살며시 발 담그면
매끄러운 조약돌
시간이 자아낸 부드러움이다

머물지 않는 물살
닮아 있는 인생
젊은 시절 상처 주던 모난 마음도
흐르는 시간에 갈고 닦으면
얼기설기 닿은 인연에게
곁 내주는 너그러운 마음 된다

삶 속
깊이 고인 고뇌
세월 따라 서서히 사그러져
제자리 돌아오는 평온함

# 가을비

물드는 가을빛
늦어질까 조급한 마음에
잎사귀 위로 힘차게 뛰어내려
조는 듯 조용하던 감나무
돌연 소란스럽게 후두두둑
고운 엽서 서너 장 선사한다

늑장 부리는 소국
잃었던 생기 다시 돌고
한참 붐비는 사이
눈뜨는 작은 몽우리들

서늘한 입김 뿌리고 간 뒷자락
가을빛 더욱 짙어만 가고
옷깃 휘감는 한 줄기 바람
오색빛 펼치는 낭만의 거리
한 장의 그림이다

# 억새꽃

계절의 끝 잡고 있던
화려한 단풍마저 못내 떠난
허전한 들녘
은빛 물결 일렁이는
오래 지지 않는 꽃이고 싶어라

춥고 고단한 비탈 언덕
간간히 따스한 볕 들 때마다
사람들 시선에 들어 있는
환히 피어나는 갈꽃이고 싶어라

슬피 우는 새
흔들리는 여인이라 말하지만
거센 바람에도 굴하지 않고
삶에 지친 이들
푸근히 품어주는 쉼터이고 싶어라

푸른 고뇌의 강 건너온
허리 필 날 없던 지난 세월
시로 곱게 물들이는 저녁놀
귀밑머리 휘날리며 노래하노라

# 은행잎

오가는 발길마저
뜨음, 뜨음한 길 모롱이
오소소소 샛노라니 몰려든
웬 나비 떼인가

기우는 해 발목
놓지 못함은 돌이킬 수
없는 삶이 마음에 밟혀
유랑민으로 배회하는구려

시간의 태엽 끊임없이
돌리는 차바퀴 뒷덜미
움켜쥐고 폴짝폴짝
봄 동산 유희하는 나비처럼
멋거리 춤사위 신명났구려

생의 닻 내린다는 기별
저만치 떠날 채비 서두는 시간
짙디짙게 드리워진 삶의 빛깔
지우기가 못내 아쉬워
저토록 선명하게 환생했구려

# 단감

따가운 햇살 눈길 주면
부끄러워 잎새 속으로
숨는가 싶더니 어느새
다홍빛으로 상기된 얼굴

옷 벗은 가지 사이
창공의 여백에다
수놓은 듯 새겨 넣은
선명한 갈꽃이런가

터질 듯 물이 올라
발그레한 미소
넌지시 던지는
갓 피어난 여심이런가

# 시월

곱게 영근 결실들이
다투어 반기는 들녘에 가면
외로움 따윈 어느새 사라지고
눈인사만으로도 마음은 부자더라

미지근한 햇살 등지고
밭골 오가며 청고추 홍고추
한가득 바구니 채워가노라면
어머니 닮아가는 그 어머니 딸은
시절 생각하며 그리움 따 담더라

땀방울 맺히는 고구마 밭엔
줄줄이 달린 가을을 캐는데
풍성한 수확이라 만끽하는
농심의 천진 미소 부러운지
발그레 붉히는 산자락 휘돌아
나지막이 조근거리는 오십천

힘겹게 참아낸 시련의 시간들
고운 기쁨으로 고이 담아내는
살아 있는 모든 질서들의 완성
시선 붙드는 경이로운 계절이여

# 연리지목(連理枝木)

— 배롱나무와 소나무

산사 뜨락 둥지 튼 한 쌍
혹시 전생의 연인은 아닐는지
잠재의식 속 비밀스런 그리움
금생에 이르러서야 마침내
뗄 수 없는 부부 연 맺었다더라

못다 한 애끓는 사랑
그 얼마나 사무쳤기에
그칠 줄 모르는 진한 애무
마주 보는 삼성각도 민망한지
낯 붉히는데
찾아드는 발길마다
감탄사 절로 나오더라

그들에게 돌아온 생의 윤회
사람의 몸 받지 못하고
서로 다른 종 기이한 인연
신비로운 형상으로 한 몸 이룬
아픔 견디는 뿌리 깊은 사랑
그 앞에 서면
고통 없이 맺어진 사랑은 없나니

## 동안대제

쉰음산 등허리 넘어온 바람
청량한 풍경 소리 골 안 깨우면
님의 혼 서려 있는 산자락 아래
민족정기의 얼 기리는 후손들
한마음으로 선양하는 한 마당
아름다움에 천년 고찰도 흐뭇한 듯
여여하게* 내려다보고 있네

산행으로 허기 만난 긴 행렬
주지스님 맑은 미소 속에
따스한 공양으로 채워주는
보살님 이마에 맺히는 땀방울들
베풂으로 나누는 거룩한 공덕이네

주거니 받거니 하산할 제
계곡 따라 내려오던 작은 도랑이
같이 가자 조잘대며 보채는데
서둘지 말라 하는 차분한 시월은
느릿하게 가을빛 채색하고 있네

그리운 임 시향으로 접견할 제
칠백 년 저 세월도 무색하게

비바람 소리 거침없는 그의 숨결
지금도 가깝게 들리는 듯
생생하게 요동치고 있네

* 여여하게 : 있는 그대로 편안하게.

# 십일월 단상

오가는 계절
찬바람만 분분한데
늑장 부리다 서두르는 단풍
오색빛 마지막 편지 띄우더이다
가을걷이 마친 밭뙈기 한 켠
푸르름 과시하던 김장 배추는
달구지 대신 경운기 올라앉아
등 굽은 오솔길 저편으로
추억 새기며 유유히 사라지더이다
십이월 오기 전에
월동 준비 하랴 여념 없으련만
붐비지도 않고 차분하게
소홀함 없이 갈무리하더이다

# 민둥산

화전민들의 삶 서린 전설의 터
모두 떠난 척박한 빈 녘에
빼곡히 뿌리내린 억새의 군락지
생존 위한 고난들이 승화하여
은빛 반짝이는 꽃으로 피어났구려

억새 바람 노래에 분주해지는
산등성 아래 발구덕 마을엔
막바지 갈무리 여념 없는 사람들
갈빛 억새 참도 닮았구려

화전민들의 애환 스민 곳
춥고 외로워 마음 둘 데 없는
민둥한 맨머리 정수리에
감동 이는 신비로 피어난 은꽃들
빛 발하는 은물결 속 끊임없는 발길
가을산 물들인 단풍인 듯 싶어라

# 설악의 품에 안겨

— 대청봉

오색 약수로 목 축여
숲속 깊이 스며들면
몸은
팽팽한 긴장으로 날이 선다

먼발치 시선 붙드는 산 단풍은
햇살 먹고 화려하게 피는 시절
황혼빛 곱게 농익은 인생
화사한 가을꽃이련가

하늘과 산이 이마 맞대는
고지 위에 서면
안개 강에 봉우리 구름은
화폭되어 펼쳐진다

저만치 비켜가는 울산바위 사이로
푸른 시절 추억들도 스쳐가고
한 서린 한계령은
저문 발길 재촉하는데
한 줄기 싸늘한 바람 앞서
어느덧
어스름 내린다

# 월정사

오대산 자락 청정한 기운
속세의 잡념 말끔하게 씻어주는
느긋하고 지긋하게 깨어 있는 도량
적막의 호수에 서리는 달빛
은은하게 내려 고요하게 고이네

향그런 전나무 숲길 아래
서늘한 옥빛 물소리 따라
명당 성지로 스며 머물다 가신
자장율사 사명대사 나옹스님
곳곳 임들의 향기 배어 있네

청청하게 찬바람 불어오니
유난히도 선명한 별빛 고운 밤
걸림 없이 정화하는 맑은 물소리는
번뇌에 물든 마음 본연의 성품으로
돌아가라는 진리 일깨워 주네

슬며시 간지럼 태우는 잣바람
달그림자도 기울어 고즈넉한데
진리의 숲에 들어 있는 숨소리만
깊어가는 산사 깨우고 있네

# 킬링필드의 슬픈 역사

탐욕의 굴레 벗지 못해
흉악이 득시글한 이념에게
소중한 생의 자유 빼앗긴
헤아릴 수 없는 주검들
뼈에 사무치는 역사 앞에
안식 들지 못하고
영영
아픈 뜨락 서성이더이다

체제의 권력이 휘두른
대학살극
태산보다 더 큰 죄업
참회 못해 휘말리던
전쟁의 소용돌이
부끄럽게 얼룩진 역사라
침묵의 암시로 폭로하더이다

독재의 틀에 갇혀
꼭두각시 놀음하는 인형
스러져간 선한 별들
조각난 유골들의 영혼
극락왕생 빌어주는 목탁 소리

가난에 묶인 걸음마지만
희생의 바람 한 줄기 빛이 되어
그들의 품으로 돌아온 평화이리

## 산바가 온다

— 태풍

어느 날 갑자기
시작된 바다의 산고
거대한 소용돌이 낳아
뭍으로 속도를 낸다

험상궂은 폭우 동반하고
손아귀 닿으면 무엇이든
식성 좋은 입맛으로
무섭게 삼켜버린다

보금자리 잃은 이재민
결실 앞두고 타는 농심
통곡 소리 들리지 않느냐

짧은 생이련만 어찌
아픈 상처만 남기고 가느냐
다음에는
농심 어루만지는
고운 걸음 꽃비로 오렴

제5부

# 마음자리

# 마음자리

사람마다 색다른 결은
내면 깊은 바다로 은밀하게 흐르는
때론 잔잔하고 거칠게
저 혼자 헤엄치는 고독한 영혼이다

가끔
삶에 지친 몸 불러 세워
멋대로 지시하는 지배자이지만
사람 사이 넘나드는 묵계에
사랑의 씨앗 배양하는 온실이다

늘 평온한 겉면의 묵비
파문 이는 속면의 묵언으로
개성 있는 색채 멋지게 칠하며
아름다운 여생 살고픈 의지 하나로
곧은 길 달려가지만
구불길 접어들어 휘기도 하는 것

제아무리 예리하게 날 세워도
꿰뚫을 수 없는 단단한 벽
아무도 범할 수 없는 견고한 영역
저 혼자 드나드는 유일한 자유이리

# 해질 무렵

해질 녘 뒤로하고
목적지 향해 질주하노라면
누군가 꽁무니 따라온다

벌겋게 상기된 얼굴 하나
따라오기도 겨워 염치없이
백미러 속으로 들어앉은
강렬한 눈빛과 마주친다

거들떠보는 아량 없이
그 얼굴 등지고 쫓기듯
달아나는 사람들이건만
생의 닻 내리는 끄트머리
한 폭의 걸작 내어 놓는다

# 분칠하는 여자

꽃시절 뒷골목 잘못 들었다가
미혼모 꼬리 달고 시집 한번 못가 본
웃음 팔며 넘어온 굽이굽이 설움이다
품은 사람 많았다마는 스치는 바람이어라
허기진 가슴 또 다른 사랑으로
달랬다는 그녀
만남 이별 일상 되어버린 한 생
몸도 마음도 낡아만 가고
짙은 화장 뒷면
삶의 무게 버거워라
지는 꽃잎 자리 남은 것이라곤
황혼 녘 분독 들어 빛바랜 얼굴
분한 흔적 분풀이 분칠인가

## 십육 강 진출하다

— 월드컵

검은 대륙 고지대
지구촌 축제 열리니
점화되는 대제전
팽팽한 접전 벌이네

끝없는 도전 반세기
거침없이 항해 해온
대한의 태극전사들
갈고 닦은 기량으로
투혼 사르러 예 왔노라

열두 번째 선수로
길거리 나선 붉은 악마들
한반도 곳곳 들썩이며
감동의 물결 술렁이는
후끈 달아오른 응원 열기
더반스타디움까지 닿았네

거센 벽 거뜬히 넘어서서
간절히 염원하던 열망
원정 월드컵 사상
첫 십육 강 등극하니

이는
한마음 한뜻 하나로
우리가 일궈낸 결실이리

# 이별

— 이출남 님을 추모하며

빗줄기마저도 서럽게 울던 그 밤
그대는 온다 간다 말도 없이 그렇게
머나먼 길 홀연히 떠났습니다

그대의 손길만 멀거니 기다리는
포도 복숭아 자두 그 많은 식구들
눈에 밟혀 어찌 떠났습니까

캠퍼스 인연들이랑 맺어 놓은
끈끈하고 질척한 추억만이
육백산 자락 떠다니고 있습니다

자줏빛깔 포도주잔에 여울져
피어나던 우정의 꽃 생생하게
살아나 슬픔에 취해 있습니다

짙게 여물어가는 복분자
향기 따라 거닐던 그 오솔길
그냥 두고 그대는 갔습니다

짧은 생애지만 멋지게 살다간
굵직한 일도 거침없이 소화하는
그대는 영락없는 여장부였습니다

그대 보내고 싶지 아니하지만
기어이 떠나가는 사람이여
이승의 고단한 번뇌 내려놓고
안식으로 들어 편히 쉬구려

고인이여! 극락왕생하소서

# 고통

어느 날
예고도 없이
암초에 부딪혀
돋아난 혹부리 꽃

매서운 질책
한 짐 쏟아놓으며
독침으로 전신
마비시킨다

억새풀에 베이는
아린 기억처럼 칼
방망이가 마구
다듬이질한다

폭풍처럼 다그치던
성난 혹부리도 잠잠
잔잔한 물결 위로
평온한 꽃 피어난다

# 상처

예리한 날에 베인 자국 시간이 지운다지만

마음 날에 베인 통증 세월도 치유하지 못하더라

가슴으로 들어앉은 멍 품고 사는 사람들

영영 아물지 않는 장애 달고 다니더라

치명적 언어의 파편 응어리로 날아들어 툭툭

명치끝 건드리면 견딜 수 없이 쓰리다더라

가슴 아픈 사람이여

속앓이도 나이 들면 한 되는 것을

부질없는 혹의 씨앗 자라기 전 잘라내고

자유로워지면 하더라

# 날파리증

어디서 왔는가
날파리 한 마리
시선에 끈질기게 달려
떠날 기미 보이지 않네

쓰레기더미 둥지 틀어
세상에 나오기 무섭게
갖은 멸시 받을 운명
냄새난다고 장애물이라고
사면 도사리고 있는
날 선 공방의 살벌한 손길

사는 동안 알게 모르게
헤아릴 수 없는 무리
천도 시킨 일들이
두고두고 마음에 걸리네

하찮은 미물일지라도
엄연히 생명인 것을
오계 법도 어긴 죄이런가
눈앞 떠다니는 날파리 영혼
떠나보낼 날 언제 오려나

# 다림질

하루의 일과 고단한 만큼
구겨지고 널브러진 바지
다시 일으켜 세우기 위해
빈틈없이 다림질하지요

바지 주름 골골마다 쌓인 피로
걸림 없이 반반하게 펴야만
주저앉은 구석 자리 차고 일어나
주인과 살 맞대고 신나게 비비며
활기찬 일터로 출근할 수 있지요

잘 다려진 바지 입으면
나서는 발걸음도 가벼워지고
근사하게 걸어가는 그의 뒤태
바라보는 시선 또한 흐뭇하니
뒤엉킨 일도 순탄하게 풀리지요

부딪히고 상처 받고 서러운
삶의 온갖 구김살들
처음으로 돌아가기 위해
더러 마음의 다림질하지요

# 사라져 가는 것들

잡으려고 하면 할수록

산처럼 키워 온
그 욕망 바위덩이
몸에 지니기조차 무거워
줄이고 또 줄이다가
탁 탁 탁
소수점 찍으며 지워나간다

푸르게 파닥대던
그 젊음의 파랑새
세월 옷 입기조차 버거워
입고 또 입다가
훌 훌 훌
벗어 젖혀 날아가 버린다

잡으려고 하면 할수록

멀어져 가는 것들은
그대 허락도 없이
틈새 비집고 몸 밖으로
빠져나갈 궁리만 한다

# 술

사람과 사람 사이
그가 끼어들면 굳게
닫아걸었던 빗장문도
스르르 열린다

사람 속에 깊이 숨었던
또 한 사람 튀어나와
둘둘 감아두었던 실타래
바닥까지 풀어 놓는다

한스런 보따리 술이 술술
굽이굽이 비탈진 삶의 여정
굴곡마다 박힌 설움 꺼내어
주워 담길 거부한다

사람과 사람 틈새
그가 끼어들면 매우
견고한 단절도 소통으로
이어주는 마술사가 된다

# 치타

먹빛 눈망울 깊이 스민
어린양의 혼이련가
양 볼 타고 내려온 검은 현
푸르죽죽 울고 있어라

벌건 대낮 나서지 않는 서릿발
비호같이 날렵한 기개 곤두세우고
들꽃 향그러움에 시선 칼날이다

땡볕 아래 선한 가면 쓰고
서릿발 서리서리 놓아버린
삶이 낳은 업보 사윌 때까지
숯빛으로 목 놓아 울어라

# 공기에 대하여

자유롭게 폐혈관 드나드는
당신이 있어 살아가는 우리
형체도 빛깔도 없는 투명함에
무심코 그대 안으로 들었나이다
아무도 없는 듯 잡히지 않는 손
텅 비어 있음에 맑아지는 마음
고요한 아름다움 함께 있나이다
무중력 세상의 무질서 잡아주는
당신이 있어 바로 서는 사람들
지상 공유하는 모든 이들이여
크나큰 베풂 가슴 깊이 새겨
함께 호흡하는 동안 기억하기를

# 봉사

따스한 마음들 모아져
사람 사이 피어나는
향기 어린 꽃이리
요양원 인연들 찾아
스스로 발심하여 나선 길
보람 기쁨으로 돌아오는
참되고 복된 삶이리
어둔 이웃 살피는 빛이리

# 계수나무 거리

청춘 여윈 할매 서넛이
마실 나온 돗자리 놀이터
지난 얘기들 한 광주리씩 꺼내
두런두런 구수하게 펴놓으면
이야기만큼 우글하게 무성해져
정겹게 춤추는 사랑무늬 그림자

계수나무 아래 거닐어 보면
삶에 지친 마음 금시로 풀어지고
잊었던 첫사랑의 그리움도 살아나네
메마른 인정 속에 사랑 고픈 사람들
언제나 사랑 넘치는 이 거리에서
기분 전환 새 기분으로 돌아가란다

사랑무늬 그림자 밟고
사랑나무와 호흡 나누면
한량없는 산뜻한 기운 가슴 벅차지
청춘은 아니지만 곱게 늙는 할매들
황혼 녘 여유롭게 즐기는 그들 앞에
어렴풋이 그려지는 후일의 모습

# 잡초

밟히고 뜯기고
괄시받는 서러운 신세
닿는 어디라도 뿌리내려
버텨온 질긴 생
낮은 자세지만 치열하게 살더라

비바람에 넘어지고 지쳐도
역경 딛고 일어선 시간들
내세울 건 없지만
의욕 잃지 않고 꿋꿋하게
오직
끈기 하나로 지켜온 삶이더라

저마다 소박한 행색이지만
다가서는 누구든 이웃이라 여김에
서로 섞여 아우르는 마음들
함께하는 훈훈한 세상이리

# 시

내면의 바다에 파도 이는
선율 타고 피어나는 환영
고뇌에 사로잡혀 시름하랴
저 혼자 몸살한다

살며시 다가올 때마다
안으로 삭이지 못해
토해내는 언어의 파편
주워 담길 거부한다

거침없이 쏟아내는
언어의 난발은 혹여
독이 되어 아플지 몰라
울림으로 달래어 가다듬고
호흡 아우르는 리듬 조율한다

신선하게 거듭나는 색깔
은은한 향내 머금고
허기진 이의 마음에 스며
양식으로 넌지시 위로한다

# 그리움을 통한 나지막한 긍정의 시학

유 지 연
(문학평론가, 관동대학교 교수)

## 1

나와 조성돈 시인은 인연이 깊다. 벌써 꽤 오래되었는데 내가 삼척의 대학에서 강의를 할 때 처음 만나 지금까지도 계속 인연을 이어가고 있다. 다른 대학생들과 달리 만학도였던 조성돈 시인은 자그마한 체구에 늘 단아하고 아름다운 모습이었다. 그뿐인가 학업에도 열심이었고 시에 관한 모든 크고 작은 모임에서는 늘 그녀의 모습을 볼 수 있었다. 사실 그녀는 시를 쓰기 위해서 대학에 들어오기 이전부터 많은 노력을 기울였다. 문학에 좀 더 다가가기 위해 일찌감치 삼척정보관 문예창작부에 문을 두드렸고 당시 MBC에서 실시하는 백일장 강원여성경연대회 시 부문에서도 입상을 했다. 입상 이후 문학에 대한 뜻이 더욱 확고해졌고 늦었지만 공부를 해야겠다는 결심이 섰을 것이라 생각된다. 그렇게 많은 시간들을 시와 함께했던 그녀는 2008년 졸업할 무렵 시인이 되었다.

시인이 나고 자란 고향은 마을 앞에 신작로가 훤히 나 있고 그 중간쯤에 커다란 연못에 해마다 연꽃이 가득 피어나는 따뜻한 마을이었다고 한다. 어린 시절 푸르른 대자연은 시인에게는 추억의 요람이었을 것이다. 왜냐하면 그 고향을 생각하는 마음을 시편 곳곳에서 발견할 수 있기 때문이다. 살아오는 과정에서 한때 경제적으로 어렵기도 하고 여러 힘든 일도 있었지만 사랑하는 가족이 있어 든든했던 시인은 아무리 어려워도 긍정적으로 살다보니 극복할 수 있었다고 하는데 그 모든 것을 그녀의 시가 조곤조곤 이야기한다. 늦깎이지만 자신이 결정한 삶이기에 행복했고 지난날의 어려움이 있었기에 오늘의 여유가 있는 것이라는 그녀의 말에 고개가 숙여졌다.

시인이 시적 자아를 통해 실현하려는 자족의 삶은 자신의 끝없는 무욕에서 내포된다. 곧, 화자의 자아인식에서 비롯된다고 볼 수 있다. 시인 자신이 지향하는 긍정의 아름다운 시정신은 나지막한 생명의 언어에서 선율이 되고 가슴의 떨림이 된다. 그러한 시적 세계가 자생의 힘을 발산하는 시적 동력임을 우리는 그의 시를 통해서 확인할 수 있다.

순수 서정의 향기를 발하는 그녀의 시적 행보는 '그리워하고, 긍정하고, 포용하는' 통로를 거쳐 마음의 평정에 이른다. 시편을 보면 지금은 과거가 되었지만 다소 어려웠던 시간을 초극하기 위해 유년을 그리고 어머니를 그리워하는데, 유년의 기억들이 그를 버티게 해주는 원천적인 힘이 되는 것을 쉽게 발견할 수 있다. 또한 그것은 한때 경제적으로 어려웠고 고단했던 삶의 일상에서 언어에 대한 식별력으로 오랜 날을 버텨온 시인의 묵언들이 긍정과 포용과 나아가서 마음속에 깊게 자리하고 있는 종교의 변주 위에 탐색된 생산물이라서 더욱 귀하고 값지다.

살아오면서 시의 밧줄을 붙잡고 문학을 통해 새로운 삶의 의미를 찾아 현재의 행복과 기쁨을 얻기까지 일상에 열중하며 만들어낸 응집물은 시인의 다양한 체험을 통해 응축된 편안한 언어들로 현학적인 표현과는 거리를 두고 있기에 거부감이 없고 그녀처럼 아름답다. 어디까지나 정직하고 올곧고 순수한 마음을 가진 조성돈 시인의 품격이 시 속에 집을 짓고 있기에 그의 작품을 읽는 독자의 정신까지도 따뜻하게 만들어주는 저력까지 발견할 수 있을 것이다.

## 2

조성돈 시인의 시에는 유독 고향에 대한 것들이 많다. 앞서 얘기했듯이 시인의 고향은 연꽃이 피어나는 아름다운 곳이었고 무엇보다 사랑하던 가족이 있었던 곳이다. 이 때문에 그곳은 자연스럽게 지금까지 살아오는 동안 얻었던 시름을 덜 수 있고 마음을 위로받을 수 있는 유일한 휴식 같은 장소가 되기에 충분했을 것이다. 그래서인지 그러한 시인의 마음은 여러 시편에서 어렵지 않게 발견할 수 있다.

> 침실 깊숙이
> 훔쳐보는 이 누구인가
> 발자국 소리 없이
> 얼굴 없는 그림자만 너울거려
> 산란한 마음 둘 데 없어라

칠성당 모셔놓은 장독대
달빛 고운 내 고향에는
마주 걸터앉은 어머니와 아이
반달 물고 있는 손톱 불그레
봉선화 꽃물 서서히 들더라

보석상 차려놓은 하늘 정원
별만큼 옛이야기 듣노라면
수줍은 얼굴 새하얀 조롱박
솔깃해서 귀 기울이더라

옥판선지 병풍 너머
지켜보는 이 누구인가
신비로운 밤 그림자는
야심한 시간 벗 되어
호젓한 심신 달래주더라

—「달빛」 전문

일단 참으로 아름답다. 그냥 시가 그림이 된다. 제목은 「달빛」이지만 내용은 그리운 고향을 향한 연가이다. 이 시 1연에서의 달빛은 "발자국 소리 없이/ 얼굴 없는 그림자"로 표현되고 있는데 그것이 너울거리는 통에 산란한 마음을 어쩌지 못해 뒤척이고 있는 모습이다. 하지만 산란한 마음은 2연에서 이내 고향으로 향하고 현실에서의 근심, 걱정은 오간 데 없이 "보석상 차려놓은 하늘 정원" 아래 아이는 색 고운 봉선화 물을 들이며 어머니의 옛이야기를 듣고 있고 달은 어느새 호젓한 심신을 달래주는 벗이 된다. 얼굴 없는 스산한 그림자일 뿐이었던 달빛은 시인의 마음속에 다리를 놓아 고향을 생각하게 하는 매개체인 것이다. 그러면서 "신비로운 밤 그림자"가 되어 "호젓한 심신을 달래주고" 있는 것이다. 달빛의 두 가지 상징적 의미를 통해 시인에게 고향이란 근심과 걱정을 달래주는 사랑 그 자체라는 사실을 보여주고 있는 것이다.

저만치 다가오는 스산한 기운
코스모스 하늘거리며 부른다

희미하게
별처럼 떠도는 젊음의 터
일렁이는 별 숲 넘실 넘어
그 냇가 추억 낚아 올린다

…(중략)…

농심 따라 염생이도 총총
고단한 삶 짊어지신 어깨
가없는 사랑 지펴주신 아버지

—「고향」 일부

겨울밤 구수한 사랑채
마실꾼들 걸걸한 입담 물오르면
밤참으로 내오던 소박한 먹거리

요즘 맛보기 별 따기 귀한 별미
그리운 어머니 손맛 실컷 느껴보리

—「도토리묵」 일부

그다지 넉넉하지는 않았지만 끝이 없는 사랑을 내어주신 아버지와 생각만으로도 따스한 어머니의 손맛을 느낄 수 있는 고향은 그래서 시인에게는 물론이고 시를 읽는 우리에게도 똑같이 마음의 위안처가 되기에 충분하다. 또한 그런 사랑을 받았기에 살아오면서 겪었던 여러 어려움들도 시인의 말대로 거뜬하게 이겨낼 수 있었을 것이다. 사랑을 가득 받은 마음이기에 그것은 자연 긍정적인 마음으로 이어지고 긍정의 시편을 엮어내는 굳은 토양이 되었음을 미루어 짐작할 수 있다.

거센 바람 무서워
큰 소리로 차갑게 울던 풍경도
살살 간지럼 태우는 미풍이 좋아
마냥 한가로워지는 청량한 목소리

소란스럽고 조신하게
살그머니 희망 불러오는
살아 숨 쉬는 숨결이리

—「봄을 깨우는 소리」 일부

밟히고 뜯기고
괄시받는 서러운 신세

닿는 어디라도 뿌리내려
버텨온 질긴 생
낮은 자세지만 치열하게 살더라

비바람에 넘어지고 지쳐도
역경 딛고 일어선 시간들
내세울 건 없지만
의욕 잃지 않고 꼿꼿하게
오직
끈기 하나로 지켜온 삶이더라

저마다 소박한 행색이지만
다가서는 누구든 이웃이라 여김에
서로 섞여 아우르는 마음들
함께하는 훈훈한 세상이리

—「잡초」 전문

머물지 않는 물살
닮아 있는 인생
젊은 시절 상처 주던 모난 마음도
흐르는 시간에 갈고 닦으면
얼기설기 닿은 인연에게
곁 내주는 너그러운 마음 된다

삶 속
깊이 고인 고뇌
세월 따라 서서히 사그라져

제자리 돌아오는 평온함

—「세월」 일부

그래서인가 시인의 시들은 모난 것 하나 없다. 어려움을 마주하는 자세나 그것을 이겨내는 의지의 과정은 그저 물 흐르듯 자연스럽기까지 하다. 물론 웬만해선 가질 수 없는 그런 마음들의 원천은 고향이고 사랑일 것이다. 위의 「봄을 깨우는 소리」에서 봄을 "소란스럽고 조신하게/ 살그머니 희망 불러오는/ 살아 숨 쉬는 숨결"이라고 표현하고 있는 것이나 비바람에 넘어지고 지치는 역경 속에서도 의욕 잃지 않고 꼿꼿하게 오직 끈기 하나로 지켜온 삶이라고 노래하고 있는 것을 봐도 그러하다. 머물지 않고 흐르는 물과 인생이 닮아 있다고 노래하며 그 속에서 평온함을 꿈꾸는 모습이 보기에도 편안하고 따뜻하다. 그 역경과 고난은 비단 시인만이 느끼는 것은 아닐 텐데, 시인이 그것을 마주하는 자세는 경건하기까지 하다. 노자는 상선약수라고 했다. 물은 항상 위에서 낮은 곳으로 흘러가며, 아래로 흐르면서 아주 낮은 곳에까지 이르게 되고 이것은 물의 존재처럼 겸손함을 보여준다는 것을 이른다. 이처럼 물이 부드러움을 가지고 있는 한편으로 강함을 지니고 있는 것과 같이 시인의 마음 역시 그러하다는 것을 시를 읽는 내내 느낄 수 있었다.

이 미욱한 글에서 조성돈 시인의 시편들을 다 열거하지 못하고 부분만을 발췌해 안타까울 뿐이지만 조성돈 시인의 시 속에는 그 부드럽고 자그마한 체구에서 발산하는 것이라고는 믿어지지 않는 조용하지만 깊고 강한 내공이 있음은 분명하다. 내유외강이다. 그것은 이내 우리에게 큰 울림으로 다가온다. 그 울림은 삶이 그대를 속일지라도 슬퍼하거나 노하지 말라고, 우울한 날들을 견디면 기쁨의 날들이 온다는 것을 믿으라는 시인 푸시킨이 말하고자 하는 그것과 닮아 있다는 것을 어렵지 않게 느낄 수 있다.

## 3

마음속 따스한 고향의 기억이 사랑으로 이어지는 긍정의 정신은 궁극적으로 나 아닌 다른 사람들까지도 생각하고 감싸 안는 포용까지 가능하다는 사실들을 보여준다. 그저 아름답기만 한 시가 아닌 폭이 넓은 정신 선까지 가능할 수 있게 한다는 것이다.

따스한 마음들 모아져
사람 사이 피어나는
향기 어린 꽃이리
요양원 인연들 찾아
스스로 발심하여 나선 길
보람 기쁨으로 돌아오는
참되고 복된 삶이리
어둔 이웃 살피는 빛이리

—「봉사」 전문

텅 비어 있음에 맑아지는 마음
고요한 아름다움 함께 있나이다
무중력 세상의 무질서 잡아주는

당신이 있어 바로 서는 사람들
지상 공유하는 모든 이들이여
크나큰 베풂 가슴 깊이 새겨
함께 호흡하는 동안 기억하기를

—「공기에 대하여」 일부

가뭄 들어 농심 걱정 덜어 주고파
흥건하게 비지땀 흐를 때까지
대지의 메마른 살결로 스며 섞이고
밭갈이 수월한 속살로 어루만진다

—「봄비 내려와」 일부

따스한 마음들 모아 봉사를 하며 이웃들과 호흡하고 그러한 과정을 통해 저절로 뿜어져 나오는 보람과 기쁨은 분명 시인뿐만 아니라 우리 모두를 행복하게 할 것이다. 참되고 복된 삶이라는 것은 비단 도와주는 사람만이 아니라 도움을 받는 사람들도 함께 기쁨을 느껴야 비로소 완전히 하나의 공동체로 거듭날 수 있음을 시인은 「봉사」라는 시를 통해 낮은 자세로 읊조린다. 어디 그뿐인가. '공기' 나 '봄비' 는 어느 한쪽에만 치우쳐 있는 것이 아니라 우리 모두가 하나임을 나타내고 있다.

"지상 공유하는 모든 이들이여/ 크나큰 베풂 가슴 깊이 새겨/ 함께 호흡하는 동안 기억하기를"이나 "가뭄 들어 농심 덜어주고파/ 흥건하게 비지땀 흐를 때까지/ 대지의 메마른 살결과 스며 섞이고"를 보면 '공기' 나 '봄비' 를 너무나도 당연해 그냥 허투루 생각하는 대부분의 사람들과 달리 그것은 눈에 보이지 않게 교묘히 형성되어 있는 상하관계와 관계없이 누구나 공유할 수 있는 것으로 그러니 함께 호흡해 나가자고 역설하고 있다. 텅 비어 있음에 오히려 맑아지는 마음, 간결하다. 그래서 오히려 강하게 우리의 마음을 두드리는 시인의 언어를 느낄 수 있다.

조성돈 시인은 독실한 불교 신자이다. 시인을 알고 있는 대부분의 사람들이 알고 있을 것이다. 그러니 그의 시편들 중 불교적 색채를 띠는 시가 없을 리 없다. 그렇다고 해서 불교 신자라야만이 이해할 수 있는 아주 심오한 시가 아니다. 시인은 누구나 읽으면 그냥 맑은 그림이 그려지는 시를 노래한다. 나는 시인의 「동안대제」라는 시를 좋아하는데 읽고 있으면 마음의 평온이 무엇인지를 알게 해준다.

쉰음산 등허리 넘어온 바람
청량한 풍경 소리 골 안 깨우면
님의 혼 서려 있는 산자락 아래
민족정기의 얼 기리는 후손들
한마음으로 선양하는 한 마당
아름다움에 천년 고찰도 흐뭇한 듯
여여하게 내려다보고 있네

산행으로 허기 만난 긴 행렬
주지스님 맑은 미소 속에
따스한 공양으로 채워주는
보살님 이마에 맺히는 땀방울들

베풂으로 나누는 거룩한 공덕이네

—「동안대제」 일부

아름다움에 천년 고찰도 흐뭇한 듯 여여하게 내려다보고 있고 부처님을 따르는 긴 행렬은 산행으로 다들 허기지다. 그런 사람들을 위해 따스한 공양과 스님의 맑은 미소가 더해져 허기도 잠깐, 모든 사람들이 베풂 안에서 하나가 된다. 종교라는 것이 정신적인 믿음을 넘어서 우리가 살아가는 현실 속에서도 얼마든지 구현되고 있음을 시인은 보여준다. 여여하다는 것은 곧, 모든 것에 차별을 두지 않는다는 것이다. 여여하다는 말을 생각해 시 속에 들인 것은 시인이 줄곧 표현하고자 하는 공유를 의미하고자 한 것은 아닐까 생각해 본다. 여여해 지고 나서야 비로소 아픔도 상처도 극복되는 것이기 때문이다.

우리는 살아가면서 누구나가 무수한 마음의 상처도 입고 그로 인해 슬픔에 빠지기도 한다. 다만 차이가 있다면 누군가는 그것에 굴복하고 누군가는 의지로 극복한다는 것이다. 엄격히 보면 나의 마음을 닫았기에 아프고, 닫았기에 어둡다. 물론 쉽지는 않겠지만 마음을 열면 아프지 않고 그러다보면 모든 것이 아름답게 보일 수 있다. 용심의 철학이다. 마음을 어떻게 쓰느냐에 따라 가난하게 살아도 넉넉할 수 있고, 어지러운 현실도 천국이 될 수 있다는 뜻이다. 조성돈 시인은 후자 쪽이다. 그러니 그의 시어들은 곱고 깨끗하고 한없이 어질 수밖에 없다. 따스한 고향의 자연들과 한없이 받았던 사랑이 굳건하게 버티고 있어 가난과 힘들었던 시간도 이겨낼 수 있었던 것에 그치지 않고 나아가서 나 아닌 다른 사람들도 함께 생각할 수 있는 넉넉함을 발휘하고 있기 때문이다.

우리는 살아가면서 누구나 한 가지씩은 꿈이 있기 마련이다. 하지만 바쁘다는 핑계로 혹은 시간이 없다는 핑계로 혹은 그 밖의 설득력이 있는 백 가지도 넘는 핑계를 들어 그 꿈을 스스로 무산시키며 살아간다. 하지만 조성돈 시인은 다르다. 간절하게 시를 쓰고 싶은 마음이 다소 늦은 나이에 학교에 들어가 체계적인 공부를 하게 했고 부단한 노력으로 등단을 하게 했고 오늘 이 시집을 내게 했으니 말이다. 시는 시인의 마음을 노래하므로 시는 시인을 닮는다. 조성돈 시인의 시도 그러하다. 평소 조곤조곤한 말투며 자그마하고 아름다운 모습이며 어찌도 그렇게 닮았는지 놀라울 지경이다. 이렇게 시를 쓸 동안 얼마나 많은 생각과 습작을 했을지 짐작할 수 있었지만 그 시를 쓰는 시간들이 얼마나 행복했을지 또한 짐작할 수 있었다. 시를 통해 느낀 시인은 부드럽지만 매우 강하고 따뜻하지만 매우 단단한 마음의 소유자였다. 그것은 내가 알고 있는 시인의 모습이기도 하다.

사랑하는 가족과 이제는 여유롭고 느긋한 시간과 향기로운 시가 있으니 그 무엇도 부럽지 않을 시인이 느릿한 걸음으로 앞으로도 별처럼 투명한 정신의 조각들을 시인만의 견고한 언어로 직조해 줄 것을 믿는다. 라즈니쉬의 말처럼 진실은 설명이 필요 없다는 것, 그것을 많은 사람들에게 시로써 보여줄 것을 바란다. 아울러 평소 좋아하던 조성돈 시인의 시에 대해 느낀 솔직한 감정을 글로 쓰게 됨을 진실로 기쁘게 생각하며 시인 스스로가 시를 쓰며 가고자 하는 길을 보여주는 「시」 전문으로 이 글을 갈음하고자 한다.

내면의 바다에 파도 이는
선율 타고 피어나는 환영
고뇌에 사로잡혀 시름하랴
저 혼자 몸살한다

살며시 다가올 때마다
안으로 삭이지 못해
토해내는 언어의 파편
주워 담길 거부한다

거침없이 쏟아내는
언어의 난발은 혹여
독이 되어 아플지 몰라
울림으로 달래어 가다듬고
호흡 아우르는 리듬 조율한다

신선하게 거듭나는 색깔
은은한 향내 머금고
허기진 이의 마음에 스며
양식으로 넌지시 위로한다

—「시」 전문

문학세계대표작가선 794

# 달빛

조성돈 시집

인쇄 1판 1쇄 2016년 10월 24일
발행 1판 1쇄 2016년 10월 31일

지 은 이 : 조성돈
펴 낸 이 : 김천우
펴 낸 곳 : 도서출판 천우
등 록 : 1992. 2. 15. 제1-1307호
주 소 : 서울시 성동구 무학봉28길 6 금융빌딩 2F
전 화 : 02)2298-7661
팩 스 : 02)2298-7665
http://www.moonhaknet.com
E-mail : chunwo@hanmail.net



값 10,000원



ISBN 978-89-7954-652-1

이 도서의 국립중앙도서관 출판예정도서목록(CIP)은 서지정보유통지원시스템 홈페이지(http://seoji.nl.go.kr)와 국가자료공동목록시스템(http://www.nl.go.kr/kolisnet)에서 이용하실 수 있습니다. (CIP제어번호: CIP2016025408)